CW00520544

IMPARA L'INGLESE IN 12 SETTIMANE

Se sei stanco di sentirti frustrato per non essere in grado di comunicare in inglese, ho ottime notizie per te! Con il libro "Impara l'inglese in 12 settimane" sarai finalmente in grado di padroneggiare la lingua inglese in un breve periodo di tempo.

Questo libro completo presenta un metodo innovativo per insegnare l'inglese, facile da seguire e altamente efficace. Con lezioni attentamente progettate ed esercizi pratici, svilupperai le tue capacità di lettura, scrittura, conversazione e ascolto in pochissimo tempo.

Questo libro non è solo per i principianti, ma anche per coloro che hanno già una certa conoscenza della lingua inglese e vogliono migliorare le proprie abilità. Con il libro "Impara l'inglese in 12 settimane", sarai dotato degli strumenti necessari per comunicare efficacemente in inglese in diverse situazioni.

Se hai bisogno di imparare l'inglese per scopi professionali o personali, questo libro è la scelta perfetta per te. Con un approccio chiaro e semplice, sarai in grado di imparare la lingua inglese in modo facile e veloce, senza sentirti sopraffatto.

Allora, cosa stai aspettando? Inizia ad imparare l'inglese oggi con il libro "Impara l'inglese in 12 settimane" e scopri quanto può essere facile e divertente padroneggiare questa fantastica lingua!

Copyright © Marcel Pacheco

I diritti di tutti i testi contenuti in questo libro sono riservati al suo autore e sono registrati e protetti dalle leggi sul diritto d'autore.

CAPITOLO 1: DA DOVE INIZIARE?

Da dove comincio?

Perché vuoi imparare l'inglese?

Prima di iniziare o tornare a studiare inglese, fatti una domanda. Perché voglio studiare l'inglese? È perché lo vuoi tu o perché qualcun altro vuole che tu lo faccia? Come ogni decisione nella vita, studiare l'inglese deve essere qualcosa che vuoi fare.

obiettivi prefissati

Se sai perché vuoi studiare, stabilire degli obiettivi è facile. Ad esempio, forse vuoi viaggiare in un paese di lingua inglese. Eccellente. Il tuo obiettivo potrebbe essere quello di imparare "Survival English". Forse conosci già molte frasi utili, ma vuoi migliorare le tue capacità di ascolto e pronuncia. Qualunque siano i tuoi obiettivi, scrivili.

fare un programma

Quanto tempo devi studiare per raggiungere i tuoi obiettivi? Questa risposta è diversa per ogni studente.

L'importante è essere realistici. Se lavori 60 ore a settimana, non pianificare di passare altre 40 ore a settimana a studiare inglese. Inizia lentamente, ma studia regolarmente.

Usa materiale impegnativo ma non troppo difficile. Scopri cosa funziona per te. Dopo aver studiato per alcune settimane, modifica il tuo programma di studio di conseguenza. Studi meglio di notte o sull'autobus mentre vai al lavoro?

prendere un impegno

Imparare l'inglese richiede molta motivazione. Nessuno registrerà la tua presenza quando non sei in classe. Se sei sicuro di essere pronto per iniziare a studiare, prendi un impegno. Clicca qui per firmare un accordo di apprendimento con te stesso.

Divertiti imparando l'inglese!

Le cose che facciamo meglio nella vita sono le cose che amiamo fare. Se non ti diverti ad imparare l'inglese, non lo stai studiando bene! Puoi essere uno studente serio divertendoti allo stesso tempo. Crea il tuo programma di premi per darti incentivi per rimanere in attività.

Studia un equilibrio delle quattro abilità fondamentali: ascoltare, parlare, leggere, scrivere

La maggior parte degli studenti vuole comunicare meglio in inglese. Se questo è uno dei tuoi obiettivi, è importante studiare un equilibrio tra le quattro abilità fondamentali.

Ascolto, conversazione, lettura e scrittura sono le principali (macro) abilità necessarie per comunicare in qualsiasi lingua.

Essere molto bravo in una sola di queste abilità non ti aiuterà a comunicare. Ad esempio, devi essere in grado di leggere bene prima di poter scrivere bene.

Devi anche essere in grado di ascoltare prima di parlare. È utile pensare a queste abilità comunicative in due gruppi.

INGRESSO <<<

Udito (attraverso le orecchie)

Leggendo (attraverso i tuoi occhi)

USCITA >>>

Parlare (fuori dalla bocca)

Scrivere (attraverso la tua mano)

È semplice. Pensare in questo modo. Per prima cosa devi inserire. Quindi hai output. Per prima cosa senti qualcuno fare una domanda. Secondo, parli e dai loro la tua risposta. Prima leggi la lettera di qualcuno. Dopodiché, rispondi a loro. Questi sono esempi di comunicazione.

Input e output non seguono necessariamente un ordine specifico. A volte prima parli e poi ascolti.

A volte scrivi di qualcosa che senti. Durante la comunicazione, la persona con cui stai comunicando utilizza una delle abilità opposte. Pertanto, per capirsi, tutti devono essere esperti in tutte e quattro le aree.

Alcuni studenti vogliono sapere quale abilità è più importante. Poiché tutte le abilità dipendono l'una dall'altra, sono tutte importanti. Tuttavia, per comunicare, utilizziamo alcune abilità più spesso di altre.

Ad esempio, circa il 40% del tempo che passiamo a comunicare, stiamo semplicemente ascoltando. Parliamo circa il 35% delle volte.

Circa il 16% della comunicazione proviene dalla lettura e circa il 9% dalla scrittura. Queste statistiche si riferiscono a un comunicatore inglese medio. A seconda del lavoro o della situazione di qualcuno, questi numeri possono variare.

Ognuna di queste abilità principali ha al suo interno delle micro abilità. Ad esempio, la pronuncia è un tipo di capacità di parlare che deve essere praticata per migliorare la comunicazione.

L'ortografia è un'abilità che facilita la comprensione della parola scritta.

La grammatica e il vocabolario sono altre micro abilità. Micro non significa che non siano importanti. Le macro abilità come l'ascolto sono molto generali mentre le micro abilità sono più specifiche. Ulteriori informazioni su input e output.

Per ottenere i migliori risultati, crea un programma che combini tutte e quattro le aree di studio. Lascia che un tipo di studio porti a un altro. Ad esempio, leggi una storia e poi parlane con un amico.

1. Come imparare ad ASCOLTARE

ascolta la radio

Non avere sempre una penna in mano. A volte aiuta solo ad ascoltare.

Guarda la TV in inglese

La programmazione per bambini è molto utile per gli studenti ESL.

Scegli i programmi che ti piacciono nella tua lingua.

Ricorda che gran parte di ciò che senti in TV è gergo.

Registrazioni della segreteria telefonica

Puoi trovare questi numeri all'inizio degli elenchi telefonici in molti paesi di lingua inglese. Prima di comporre, assicurati di chiamare i numeri verdi.

Guarda film in inglese

Scegli quelli con i sottotitoli, come da ESL Videos. Guarda il film senza prendere appunti.

2. Come imparare il DISCORSO e la pronuncia

parla con te stesso

Parla di tutto e di più. Fatelo nella privacy della vostra casa. Se all'inizio non riesci a farlo, prova a leggere ad alta voce finché non ti senti a tuo agio nel sentire la tua voce in inglese.

registrare la propria voce

Questo può sembrare molto scomodo, ma ti aiuterà a trovare i tuoi punti deboli nella pronuncia. Ascolta te stesso qualche giorno dopo. Quali suoni hai difficoltà a sentire?

Usa il telefono.

partecipare alle lezioni

imparare espressioni comuni

Comprendi i suoni che la tua lingua non ha

Ad esempio, molte lingue non hanno il suono "r". Questi suoni richiedono ulteriore pratica.

Riconosci che gli insegnanti sono formati per capirti

Quando entri nel mondo reale, le persone comuni avranno più difficoltà a capirti a meno che tu non ti eserciti a parlare lentamente e con una pronuncia corretta.

3. Come imparare la LETTURA e il vocabolario

Leggi qualcosa ogni giorno

Libri per bambini, lettori semplificati (Penguin), giornali, riviste, siti Internet, romanzi e molto altro...

Leggi cosa ti interessa.

Ricorda che impari meglio quando ti diverti.

Leggi al livello appropriato

Vuoi imparare nuovi vocaboli, ma vuoi anche capire cosa stai leggendo. Se stai cercando ogni parola, la lettura è molto difficile.

Rivedi chi, cosa, dove, quando, perché per ogni storia che leggi.
Puoi farlo per quasi tutti i tipi di lettura. Di chi si tratta? Quello che è successo? Perché è successo? Dove è successo? Quando è successo? È molto quando non hai domande di comprensione a cui rispondere. Puoi scrivere commenti utili quando pronunci le tue risposte.

Tieni sempre a portata di mano un dizionario inglese-inglese.

È una cattiva abitudine affidarsi sempre a un dizionario di traduzione oa un dizionario elettronico.

Pensa al tuo dizionario inglese-inglese come alla tua ancora di salvezza.

Utilizzare dizionari online quando si utilizza Internet (dizionario di parole chiave online).

Registra il vocabolario nel tuo "dizionario personale"

Tieni questo taccuino separato dagli altri lavori. Elenca il vocabolario in ordine alfabetico (una rubrica inglese funziona bene perché ha le lettere dell'alfabeto). Registra la parte del discorso (a volte ce n'è più di una).

Scrivi una frase di esempio per te stesso (non usare quella nel dizionario). Rivedi il tuo dizionario personale (soprattutto le nuove voci) ogni sera prima di andare a letto.

4. Come imparare a SCRIVERE e scrivere

Tieni un diario/diario

Non prestare sempre attenzione alla grammatica. La scrittura libera può essere molto utile. Questo può dimostrare che scrivere è divertente. Divertiti con la lingua.

Scrivi email in inglese

Resta in contatto con insegnanti o altri studenti.

Riscrivi le notizie locali in inglese

Questo è un altro esercizio che può essere svolto quotidianamente. Ricorda che le attività regolari sono le migliori.

Impara importanti regole di ortografia Ricorda, non avrai sempre un dizionario o un correttore ortografico a portata di mano, soprattutto quando scrivi un test. Anche i madrelingua inglesi devono rivedere le regole ortografiche di volta in volta.

Impara parole errate comuni

Scopri le parole confuse

CAPITOLO 2: METTI L'INGLESE NEL TUO ROTIANO

Credo che lo strumento che meglio trasmette l'idea del tempo ciclico sia l'orologio. Siamo tutti abituati a vedere l'orologio delle ore, ma l'orologio può essere realizzato con tutti i concetti di tempo ciclico:

orologio del giorno della settimana

Giorno della settimana	nome inglese	Abbreviazione
Domenica	Domenica	sole
Lunedi	Lunedi	lun
Martedì	Martedì	Mar o mar
Mercoledì	Mercoledì	mer
Giovedì	Giovedì	gio o giov
Venerdì	Venerdì	ven
Sabato	Sabato	sab

Sarah ha lezioni di nuoto il lunedì e il mercoledì. (Sarah ha lezioni di nuoto il lunedì e il mercoledì)

Studiamo inglese il martedì e il giovedì. (Studiamo inglese il martedì e il giovedì)

Ogni giovedì la NBC pubblica nuovi episodi della mia serie preferita. (Ogni giovedì la NBC pubblica nuovi episodi della mia serie preferita)

Ti piacerebbe andare al cinema venerdì prossimo? (Vuoi andare al cinema venerdì prossimo?)

Quali sono i tuoi progetti per il fine settimana? (Quali sono i tuoi progetti per il fine settimana?)

Ho lavorato dal lunedì al sabato questa settimana, sono esausto. (Ho lavorato dal lunedì al sabato questa settimana, sono esausto)

È eccitato per questo appuntamento che ha domenica sera, è tutto ciò di cui ha parlato ultimamente. (È entusiasta dell'appuntamento che ha domenica sera, ne ha parlato ultimamente)

Hanno lavorato sodo per la loro presentazione e mercoledì vedremo i risultati. (Hanno lavorato duramente alla loro presentazione e mercoledì vedremo i risultati.)

Hai mai dovuto lavorare nei fine settimana? (Hai mai dovuto lavorare nei fine settimana?)

Fortunatamente, ho lavorato solo nei giorni lavorativi.

Orologio dei mesi dell'anno

Gennaio - gennaio

Febbraio - febbraio

Marzo - marzo

Aprile - aprile

maggio - maggio

giugno - giugno

luglio - luglio

agosto - agosto

settembre - settembre

ottobre - ottobre

Novembre - novembre

dicembre - dicembre

"La chiamerà a ottobre.
La chiamerà a ottobre.

"Aprile è il mese più crudele." (ST Eliot)
Aprile è il mese più crudele.

"Svegliami quando settembre finisce." (Giorno Verde)

Svegliami quando settembre è finito.

2) La preposizione in è comunemente usata prima del mese ed equivale a "in".

Erano felici di vedere il nostro cane a marzo.

Erano felici di vedere il nostro cane/cane a marzo.

Quando a dicembre mettiamo le luci sugli alberi.

Quando è dicembre, mettiamo le luci sugli alberi".

orologio stagionale

primavera: primavera

estate: estate

autunno: autunno

inverno inverno

James verrà per un paio di settimane la prossima primavera.

In primavera, le foglie e le piante iniziano a crescere.

Di solito andiamo al mare d'estate.

Ogni estate andiamo in vacanza.

L'autunno è finito e l'inverno sta arrivando.

Lo scorso autunno siamo stati in Brasile.

Penso che tendiamo a mangiare di più in inverno.

Ovunque sembra così grigio e deprimente in inverno.

In senso stretto, per insegnare ai bambini a capire cos'è un orologio e come funziona, potrebbe essere un'ottima idea partire dall'orologio delle stagioni (diviso in 4 quadranti), per poi passare all'orologio dei mesi (diviso in 12 segmenti, uno per ogni mese), quindi passare all'orologio feriale (in 7 segmenti) e all'orologio diurno (diviso in 4 parti: mattina, pomeriggio, sera, cena)

Il concetto è far capire ai bambini che vivono sia un tempo ciclico ogni giorno (il giorno, la settimana, l'anno con i suoi mesi e le sue stagioni...) sia un tempo lineare (che cambia: ora dopo ora, giorno dopo giorno , mese dopo mese e anno dopo anno...)

Questa è, a mio avviso, un'idea molto forte per un CLIL, sia per l'asilo che per l'istruzione primaria.

Uso del verbo al presente semplice

Il tempo normalmente utilizzato per la lezione sulle routine quotidiane è il presente semplice.

Il tempo presente semplice esprime effettivamente azioni che si verificano regolarmente al tempo presente o ciò che facciamo regolarmente.

Obiettivo: imparare a gestire i supplementi di orario Mattina, pomeriggio...

Usa il tempo presente, comprendendo il suo valore come azione abituale.

Idee per stimolare la produzione orale:

Crea una bacheca dedicata alle routine: dividi la classe in gruppi, ogni gruppo è dedicato a una parte della giornata (mattina, pomeriggio e sera). I bambini illustreranno nell'ordine le azioni relative alla parte della giornata a loro dedicata.

Crea un grande orologio: ritaglia un cartoncino grande a forma rotonda e ripassa le posizioni delle lancette in relazione alle posizioni più importanti. Si possono fare due cerchi, uno per le ore mattutine e uno per le ore postmeridiane. E disegna le azioni più importanti nelle posizioni pertinenti, ad esempio, nella posizione delle 7 sul quadrante del mattino, puoi disegnare un bambino che si alza dal letto, alle 8 un bambino che va a scuola, alle 12 'orologio un bambino che mangia. Sul cerchio postmeridiano collocheremo un bambino che esce da scuola alle 16:00, un bambino che cena con la famiglia alle 19:00 e un bambino che va a letto alle 21:00.

orologio in inglese

Il tema della routine quotidiana è legato ai temi del calendario (giorni della settimana, mesi, anni) e agli orari.

Vediamo alcune idee per insegnare ai bambini l'orologio, con attività legate alla vita di tutti i giorni:

A che ora?: Gioco a coppie. Un bambino segna il tempo alla lavagna o "imita" l'orologio usando le lancette con le lancette. L'altro bambino, leggendo l'ora, imita l'azione che dovrebbe compiere in quel momento. Ad esempio, se un bmabmb ino scrive o imita le 8:00, l'altro finge di svegliarsi.

Cosa sto facendo? Partita giocata in coppia. Metti diverse carte in un sacchetto, ognuna con un orario (ad esempio 8:00.9:00 10:00) in un altro metti le azioni (lavarsi i denti, andare a scuola).

Azioni quotidiane in inglese

Quali sono le azioni quotidiane in inglese?
Di solito, nella routine quotidiana, ricorda:

svegliati
- alzarsi
- lavati la faccia
- Lavati i denti
- andare a scuola
- lavati le mani
- Pranzare
- dai compiti
- Gioca a calcio/basket ecc
- dai compiti
- Cenare
- vai a letto

Tra i giochi e le attività che si possono fare per studiare e consolidare la routine quotidiana ci sono:

Pictionary: gioco per coppie. Uno dei due prende nota con l'azione da compiere e deve disegnarla, l'altro solo guardando il disegno deve capirlo.

Tabù: Biodgna descrive una certa azione senza usare una serie di parole "tabù". Ad esempio, per descrivere la routine quotidiana "ALZATI" non puoi usare "svegliati" e "dormi" , ma solo altre parole (ad esempio, puoi dire qualcosa come al mattino, fai questa azione prima di fare qualsiasi altra cosa, o al mattino sei sdraiato nel tuo letto poi fai questa azione e sei in piedi"... e così via)

Poster della routine quotidiana: perché non lavorare tutti insieme o in piccoli gruppi e realizzare un poster illustrato della tua giornata, disegnando i vari momenti della giornata? In alternativa, molti biglietti possono essere realizzati e appesi in fila utilizzando uno stendibiancheria.

routine quotidiana in inglese

Ti consigliamo di fare un brainstorming con i bambini sulle azioni abituali – usando il presente semplice – che compiono durante la giornata.

Chiedi loro: cosa fanno ogni giorno?

Se non vuoi fare brainstorming sulla lingua, dovrai introdurre tu stesso il vocabolario – la scelta dipende dalla tua età e dal tuo livello linguistico.

Per introdurre il vocabolario puoi dare delle carte o per far sentire alle persone la pronuncia corretta, perché non usare un semplice video come questo?

Prendi un pezzo di cartone, traccia il cerchio con un compasso e ritaglialo. Dividi in parti della giornata (4) se vuoi rappresentare mattina, pomeriggio,

pomeriggio, notte e chiedi ai bambini di rappresentare almeno 4 azioni della giornata nello spazio corretto (una per ogni spazio).

Non è necessario seguire l'ordine delle ore, anzi, ti consiglio di seguire l'ordine logico se lavori con bambini piccoli che non hanno ancora dimestichezza con l'orologio.

Quindi il primo quadrante nell'angolo in alto a destra (prima in senso orario) sarà il quadrante mattutino: i bambini possono disegnare "alzati" o "vai a scuola".

Il secondo è Pomeriggio (in basso a destra): i bambini possono giocare a Go Home o Play.

Il terzo è di notte e i bambini possono giocare a cena o guardare la TV.

L'ultimo è la notte e può probabilmente essere rappresentato da Sleep.

Guarda l'esempio:

"Mi sveglio alle 6 in punto. Mi alzo fino alle 6.50. Preparo una tazza di tè e mi stiro i vestiti. Faccio una doccia e mi vesto. Di solito indosso jeans, camicetta, maglione o cardigan e stivali in inverno, o gonna e camicetta in estate. Mi lavo capelli, mi trucco.

Faccio le valigie con tutto il materiale didattico. Poi mi metto il cappotto ed esco di casa. Vado alla fermata dell'autobus. Prendo l'autobus alle 8.15, poi pago il biglietto e mi siedo.

Ci vogliono circa 45 minuti per arrivare a destinazione a tre miglia di distanza. Scendo dall'autobus e vado alla scuola dove insegno inglese. Devo accedere e ottenere la chiave. La lezione inizia alle 9.25 e termina alle 11.25."

Traduzione:

"Mi sveglio alle 6 in punto. Mi sveglio alle 6:50. Mi preparo una tazza di tè e mi stiro i vestiti. Faccio una doccia e mi vesto. Tendo a indossare jeans, camicetta, maglione o cardigan e stivali in inverno, o gonna e camicetta in estate. Mi lavo i capelli, mi trucco.

Faccio le valigie con tutto il materiale didattico. Quindi mi metto il cappotto ed esco di casa. Vado alla fermata dell'autobus. Prendo l'autobus alle 8:15, pago il biglietto e mi siedo. Ci vogliono circa 45 minuti per raggiungere la mia destinazione a cinque chilometri di distanza. Scendo dall'autobus e vado alla scuola dove insegno inglese.

Devo entrare e prendere la chiave. La lezione inizia alle 9:25 e termina alle 11:25."

routine settimanale

Una volta che ti sei concentrato sulle routine settimanali, puoi fare lo stesso con le routine settimanali.

Exemplo: "Parlerò delle mie routine settimanali.

Nei giorni feriali tranne il venerdì (cioè dal lunedì al giovedì) mi alzo presto, alle sette e mezza. Faccio colazione con caffè bianco e biscotti e vado a lavorare. Lavoro dalle otto alle cinque. Pranzo sempre in ufficio. Di solito a pranzo mangio un panino e un succo o un frutto.

Nel pomeriggio, vado alla mia lezione di inglese. Sono dalle cinque alle sei. Dopodiché, vado a fare la spesa per il cibo e le cose per la casa. Poi ascolto spesso il mio CD audio.

E ascolto e ripeto! A volte faccio i compiti. Verso le otto e mezza preparo la cena per me e la mia famiglia. Di solito ceniamo alle nove e mezza. Poi guardiamo la TV o leggiamo. Vado spesso a letto verso le undici e mezza.

Il venerdì lavoro dalle nove all'una. Poi pranzo e alle quattro vado al mio corso. Sto seguendo (presente continuo) un corso su Internet. È interessante. Finisco alle sei. Poi esco a bere qualcosa con i miei amici.
Nel fine settimana la mia giornata è diversa.

Sabato mattina, vabbè, sabato mattina io e la mia famiglia facciamo i lavori di casa e qualcuno va a fare la spesa per il cibo e le cose per la casa. Pranziamo insieme e la sera siamo liberi. Di solito esco con i miei amici. A volte andiamo al cinema ea volte andiamo a bere qualcosa.

La domenica facciamo spesso un'escursione in montagna. Abbiamo bisogno di aria fresca! Adoro le nostre escursioni. Sono molto divertenti! La domenica sera navigo sempre in Internet e controllo la posta. Di solito vado a letto a mezzanotte.

Adoro i fine settimana.

È tutto!"

Traduzione:

"Nei giorni feriali, tranne il venerdì (cioè dal lunedì al giovedì), mi alzo presto, alle sette e mezza. Faccio colazione con caffè bianco e biscotti e vado a lavorare. Lavoro dalle otto alle cinque. Pranzo sempre in ufficio. Di solito mangio un panino e un succo o un frutto a pranzo.

Nel pomeriggio vado alla mia lezione di inglese. Sono dalle cinque alle sei. Dopodiché, comprerò cibo e cose per la casa. Quindi ascolto spesso il mio CD audio. E sento e ripeto! A volte faccio i compiti. Verso le otto e mezza preparo la cena per me e la mia famiglia. Di solito ceniamo alle nove e mezza. Quindi guardiamo la TV o leggiamo. Di solito vado a letto verso le undici e mezza.

Il venerdì lavoro dalle nove all'una. Poi pranzo e alle quattro vado al mio corso. Sto frequentando (presente continuo) un corso su Internet. È interessante. Finisco alle sei. Poi esco a bere con i miei amici.
Nel fine settimana la mia giornata è diversa.

Il sabato mattina va bene, il sabato mattina io e la mia famiglia facciamo i lavori di casa e qualcuno va a comprare cibo e cose per la casa. Pranziamo insieme e la sera siamo liberi. Di solito esco con i miei amici. A volte andiamo al cinema ea volte andiamo a bere qualcosa.

La domenica di solito facciamo un'escursione in montagna. Abbiamo bisogno di aria fresca! Adoro le nostre escursioni. Sono così divertenti! La domenica sera navigo sempre in Internet e controllo la posta. Di solito vado a letto a mezzanotte.

Adoro i fine settimana.

Questo è tutto!"

CAPITOLO 3: ASCOLTA MUSICA IN INGLESE

In precedenza, abbiamo esaminato i modi per sviluppare le tue competenze in inglese mentre ti rilassi e guardi la TV. A molti piace anche ascoltare la musica nel tempo libero, e questa settimana ti diamo idee su come puoi imparare l'inglese ascoltando anche la musica.

Sono sicuro che tutti ricordiamo le canzoni che abbiamo imparato da bambini.

Forse conosci "Testa, spalle, ginocchia e piedi" in inglese o forse nella tua lingua. Sembra che siano programmati nella nostra memoria e non possano essere dimenticati! (Ricordo anche ancora i nomi dei dinosauri, ma non riesco a ricordare nessuna canzone per quello!)

Non ti chiediamo di cantare filastrocche, ma la musica è un ottimo modo per imparare una lingua per tutte le età.

Come puoi migliorare il tuo inglese ascoltando musica?

Ascoltare le canzoni è un altro ottimo modo per gli studenti di lingue di sviluppare il vocabolario inglese e migliorare le capacità di ascolto.

Puoi fare qualcosa che ti piace e imparare l'inglese allo stesso tempo. Non possiamo promettere che raggiungerai un inglese fluente solo ascoltando la musica, ma è una buona opzione se il tuo tempo è limitato.

Naturalmente puoi imparare ancora più velocemente dedicando del tempo allo studio a casa e frequentando corsi di inglese con insegnanti professionisti e qualificati, ma per ora puoi pensare alle tue canzoni preferite e dare un'occhiata ai nostri consigli e idee su come imparare l'inglese ascoltando la musica. .

Modi per imparare l'inglese ascoltando musica

1. Ascolta musica regolarmente (canzoni in inglese!)

È abbastanza semplice! C'è una scelta quasi illimitata di canzoni inglesi e devi solo trovare il momento migliore nella tua routine quotidiana per imparare l'inglese ascoltando musica.

A casa è facile accendere la televisione, quindi potresti preferire ascoltare la musica mentre vai al lavoro o quando sei in palestra.

Tutto ciò di cui hai bisogno è uno schema regolare per migliorare le tue abilità in inglese. Ciò è possibile, ad esempio, se ascolti musica mentre ti rechi al lavoro.

Naturalmente, puoi sviluppare le tue competenze in inglese più velocemente se ti concentri maggiormente sull'ascolto della musica piuttosto che sulla lettura dei post di Facebook!

2. Ascolta le tue canzoni preferite ancora e ancora

Se ti piace la musica, penso che tu abbia già una playlist delle tue canzoni preferite. Forse vuoi creare un altro elenco delle tue canzoni preferite solo in inglese che ascolterai più e più volte.

Con la ripetizione, iniziamo a ricordare il ritmo della canzone e anche alcuni testi. La ripetizione è anche un ottimo modo per costruire il vocabolario inglese, motivo per cui ricordiamo i testi delle canzoni che non sentiamo da anni.

3. Ottieni testi online

Può essere difficile capire tutte le parole quando si ascolta la musica. A volte io stesso non riesco a capire le parole e sono madrelingua inglese! Ti consiglio di andare online e digitare il nome della traccia e "lyrics" per trovare le parole. Puoi persino cercare su YouTube brani specifici perché a volte vengono forniti anche con i testi.

Se leggi i testi e suoni la canzone allo stesso tempo, puoi sviluppare il tuo vocabolario inglese e migliorare insieme le tue capacità di ascolto. Puoi anche usare i testi per testare le tue capacità di ascolto ascoltando prima e poi leggendo i testi per verificare la tua comprensione.

4. Crea elenchi di parole ed espressioni per sviluppare il vocabolario inglese

Ascoltare la musica ti dà anche l'opportunità di costruire il tuo vocabolario inglese, ma non devi capire ogni parola. È meglio ottenere prima una comprensione generale, quindi puoi esaminare le parole e le espressioni in modo più dettagliato in seguito.

Può anche essere utile fare un elenco di nuovi vocaboli e abbiamo alcune raccomandazioni. Annota la nuova parola o espressione e significato (in inglese o nella tua lingua) e scrivi una frase di esempio che includa il nuovo vocabolario.

Quindi prova a usare tu stesso la nuova parola o frase. La ripetizione e la pratica sono uno dei modi migliori per migliorare le tue abilità in inglese.

5. Usa le canzoni per sviluppare la pronuncia inglese

L'ortografia inglese può spesso essere un problema per gli studenti di lingue perché non è così logica come in molte altre lingue. Pertanto, l'ascolto della musica può aiutare a migliorare le capacità di ascolto e sviluppare la pronuncia inglese con esempi di come pronunciare parole e frasi con ritmo e intonazione.

A volte, però, bisogna stare attenti, perché gli artisti possono anche cambiare la pronuncia delle parole. Ad esempio, una parola con solo due sillabe può essere adattata per avere tre sillabe in musica. Se non sei sicuro, ti consigliamo di controllare un dizionario online che abbia una clip audio per ogni parola.

6. Rilassati, ascolta la musica che ami e divertiti!

L'apprendimento è più produttivo quando siamo di buon umore. Riusciamo a concentrarci meglio e abbiamo maggiori probabilità di ricordare ciò che abbiamo studiato. Allo stesso modo, può essere un vantaggio semplicemente rilassarsi, accendere la musica e ascoltare (e persino cantare) le canzoni inglesi che ti piacciono.

CAPITOLO 4: CANZONI PER IMPARARE L'INGLESE

Link alla musica: https://www.youtube.com/watch?v=azdwsXLmrHE

abbreviazioni

I'd = vorrei (vorrei)

'em = loro (loro/loro)

Hai = hai (hai)

non = non (no)

Sei = sei (sei)

Cos'è = Cos'è (cos'è)

perché = perché

Radio Ga Ga (Queen)

Mi siederei da solo e guarderei la tua luce

Il mio unico amico durante le notti dell'adolescenza

E tutto quello che dovevo sapere

L'ho sentito alla mia radio

Hai dato loro tutte quelle stelle dei vecchi tempi

Attraverso guerre di mondi invasi da Marte

Li hai fatti ridere, li hai fatti piangere

Ci hai fatto sentire come se potessimo volare (radio)

Quindi non diventare un rumore di fondo

Uno sfondo per ragazze e ragazzi

Chi semplicemente non lo sa o semplicemente non gli interessa

E lamentati solo quando non ci sei

Hai avuto il tuo tempo, hai avuto il potere

Devi ancora avere il tuo momento migliore

Radiofonico (radiofonico)

Tutto quello che sentiamo è radio ga ga

Radio goo goo

Radio ga ga

Tutto quello che sentiamo è radio ga ga

Radio bla bla

Radio, cosa c'è di nuovo?

Radio, qualcuno ti ama ancora

Guardiamo gli spettacoli, guardiamo le stelle

Sui video per ore e ore

Non abbiamo quasi bisogno di usare le nostre orecchie

Come cambia la musica nel corso degli anni

Speriamo che tu non lasci mai il vecchio amico

Come tutte le cose buone da te dipendiamo

Quindi resta nei paraggi perché potremmo sentire la tua mancanza

Quando ci stanchiamo di tutta questa visuale

Hai avuto il tuo tempo, hai avuto il potere

Devi ancora avere il tuo momento migliore

Radiofonico (radiofonico)
Tutto ciò che sentiamo è radio ga ga

Radio goo goo

Radio ga ga

Tutto quello che sentiamo è radio ga ga

Radio goo goo

Radio ga ga

Tutto quello che sentiamo è radio ga ga

Radio bla bla

Radio, cosa c'è di nuovo?

Qualcuno ti ama ancora

Radio ga ga

Radio ga ga

Radio ga ga

Hai avuto il tuo tempo, hai avuto il potere

Devi ancora avere il tuo momento migliore

Radiofonico (radiofonico)

Vocabolario:

Attraverso: attraverso

Marte: Marte

Ridere: rir

Rumore di fondo: barulho de fundo

Fondale: scenario; panorama di fondo

Reclamare: reclamare

Il migliore: il migliore

senti senti

difficilmente: appena

orecchie: orecchie

restare nei paraggi: restare nei paraggi

Stancarsi: stancarsi

CAPITOLO 5: LEGGERE IN INGLESE PER IMPARARE

La lettura è uno dei modi più efficaci e divertenti per imparare l'inglese e in generale migliorare le tue abilità linguistiche. I libri, infatti, oltre ad essere un delizioso passatempo, hanno il vantaggio di permettere di entrare nel vivo della lingua.

Mentre l'inglese semplificato ci viene offerto in un libro di testo, un romanzo può essere una buona strategia per conoscere idiomi , imparare a esprimere emozioni e, in generale, entrare in contatto con la lingua d'uso.

La lettura è il modo più veloce per imparare nuovi vocaboli. Leggendo, anche molto, capita di imbattersi in parole o espressioni non familiari. Spesso, però, non abbiamo bisogno di un dizionario perché il significato è facilmente comprensibile dal contesto, che è senza dubbio un modo più rapido e pratico.

Leggere ti aiuta a imparare in modo naturale. Quando leggiamo ci immergiamo, se il libro appassiona, completamente nella storia. In questo modo, l'apprendimento attraverso la lettura avviene in modo naturale, senza la sensazione che stai cercando di imparare l'inglese.

La lettura è un'esperienza piacevole. Leggere, per chi ama, è un piacere. È come guardare un film nella tua testa. Ogni lettore può immaginare liberamente come ritrarre la stessa storia dentro di sé. Scegliere il tipo di libro preferito ci permetterà di goderci la storia mentre l'apprendimento dell'inglese procede a tutta velocità.

Leggere in inglese fa risparmiare denaro imparando. Attenzione: le traduzioni aumentano il prezzo finale del libro, quindi leggere la versione originale può aiutarci a risparmiare. Inoltre l'offerta di libri in lingua inglese è molto più ampia, e al giorno d'oggi possiamo trovare un gran numero di piattaforme online che propongono libri a prezzi sempre più vantaggiosi. Anche i classici che sono diventati di dominio pubblico sono disponibili gratuitamente.

La lettura in inglese ti consente di non aspettare la traduzione. A volte c'è una lunga attesa per la traduzione di un libro dopo che è stato pubblicato nella lingua originale. Se non vuoi aspettare, l'originale inglese è sempre disponibile prima della versione tradotta.

Quindi, ecco un elenco di 5 libri eccellenti che possono aiutarti a imparare l'inglese:

1) Il vecchio e il mare – Ernest Hemingway –

Questo lavoro del 1951 presenta una narrazione semplice ma significativa. È la storia di Santiago , un vecchio pescatore cubano che da 84 giorni non riesce a prendere un solo pesce. La situazione cambia quando, dopo un furioso combattimento in mare aperto, l'uomo riesce a catturare un gigantesco marlin . Quindi cerca di trascinarlo in porto, ma lungo la strada gli squali divorano la loro preda e lui torna indietro con solo un'esca vuota .

Nonostante la semplicità della trama, l'opera tocca temi molto profondi , come il rapporto dell'uomo con la natura e l'idea di mascolinità e orgoglio, che si ritrovano nell'atteggiamento del protagonista. Altro tema affrontato è la vita vista come sfida al destino, oltre che l'imminenza della morte.

La scrittura di Hemingway è pulita e lineare , quindi si presta alla lettura anche da parte di chi non ha ancora molta dimestichezza con la lingua. Nonostante la brevità delle frasi , non è una lettura "leggera", in quanto è proprio questo tipo di scrittura che conferisce al romanzo una grande carica emotiva .

2) 1984 – George Orwell –

1984 è un romanzo distopico , cioè ambientato in un immaginario mondo futuro , con personaggi piuttosto grotteschi. Pubblicato nel 1948, il libro punta a un futuro in cui la Terra è governata da dittatori e le vite di tutti sono costantemente monitorate.

Nello scenario descritto da Orwell, il mondo è diviso in tre grandi potenze, perennemente in guerra tra loro. A capo del partito unico c'è il " Grande Fratello ", un personaggio che nessuno ha mai visto di persona, la cui sfrenata propaganda è onnipresente nella vita dei cittadini. Gli abitanti di questa realtà sono costantemente controllati e manipolati psicologicamente , al punto da accettare come normali le contraddizioni logiche e l'ordine sociale imposto.

L'opera è considerata un classico e tratta argomenti molto impegnativi, ma ha influenzato la cultura mondiale a tal punto da meritare sicuramente un tentativo di lettura.

3) Harry Potter – JK Rowling –

Impossibile non conoscere Harry Potter, sia attraverso i libri che attraverso i film. La storia, divisa in 7 volumi , segue la storia di Harry e dei suoi amici mentre crescono alla Scuola di Magia di Hogwarts .

Man mano che i libri seguono i personaggi mentre entrano e alla fine escono dall'adolescenza, diventano progressivamente più lunghi e complessi , quindi è saggio iniziare dall'inizio.

Lo stile della Rowling è caratterizzato da una certa leggibilità , ma è anche molto descrittivo. L'autore inventa spesso nuove parole, che aggiungono colore alla narrazione, come nel caso di "babbano" ("babbano") per indicare qualcuno che non sa usare la magia.

Harry Potter è un mondo a sé , fatto di maghi, avventure, emozioni e persino paura. Oltre ad essere una miniera d'oro per il vocabolario , è sicuramente una storia da non perdere.

4) A proposito di un ragazzo – Nick Hornby –

Nick Hornby è uno dei più famosi autori inglesi moderni. "A Boy" racconta la storia di Will Freeman, ambientata nella Londra del 1993. Will è un adolescente introverso che vive grazie ai diritti d'autore del padre , ottenuti con un canto natalizio. Trascorre il suo tempo immerso nella cultura degli anni '90 , bevendo molto, usando droghe leggere e avendo brevi relazioni con donne in continua evoluzione.

Nel corso del romanzo stringe un'improbabile amicizia con un dodicenne che rappresenta il suo opposto: un ragazzino molto giovane che si comporta come un uomo, mentre lui è un giovane che si comporta come un bambino. Tra i due emerge un forte legame che li porta a interrogarsi e capirsi.

La scrittura è piena di energia , quindi anche la storia è eccitante. In About a boy si possono trovare molte espressioni gergali o comunque di uso della lingua , rivelandosi molto utili per capire come si parla oggi la lingua inglese.

5) Il Grande Gatsby (Il Grande Gatsby) – F. Scott Fitzgerald –

Il grande Gatsby è uno dei romanzi inglesi più venduti al mondo. Ambientata nella New York e Long Island degli anni '20, la storia affronta il tema della perdita dei miti e della fine del sogno americano .

Pubblicato nel 1925, risulta essere il ritratto più acuto dell'anima dell'età del jazz , con le sue contraddizioni e la sua tragedia. L'opera offre un perfetto esempio del potenziale poetico del linguaggio, poiché l'autore utilizza un vasto vocabolario di parole per portare bellezza alla scrittura.

Sebbene quest'opera sia un po' più difficile da leggere, può arricchire notevolmente il vocabolario e, ultimo ma non meno importante, fornire un'esperienza di lettura davvero intensa .

Ecco alcuni testi in inglese per esercitarti:

Una fantastica vacanza estiva

Sono appena tornato dalla più grande vacanza estiva! È stato così fantastico, non avrei mai voluto che finisse. Ho trascorso otto giorni a Parigi, in Francia.

I miei migliori amici, Henry e Steve, sono venuti con me. Avevamo una bellissima camera d'albergo nel Quartiere Latino, e non era nemmeno costosa. Avevamo un balcone con una vista meravigliosa.

Abbiamo visitato molti luoghi turistici famosi.
Il mio preferito era il Louvre, un famoso museo. Sono sempre stato interessato all'arte, quindi è stato un piacere speciale per me. Il museo è così grande che potresti passarci settimane. Henry si è stancato di camminare per il museo e ha detto

"Abbastanza! Ho bisogno di fare una pausa e riposare.

Abbiamo fatto molte pause e ci siamo seduti nei caffè lungo la Senna. Il cibo francese che abbiamo mangiato era delizioso. Anche i vini erano gustosi. La parte preferita della vacanza di Steve era la colazione in hotel. Ha detto che sarebbe stato felice se potesse mangiare croissant come quelli per sempre. Ci siamo divertiti così tanto che stiamo già parlando della nostra prossima vacanza!"

A scuola

Lucas va a scuola tutti i giorni della settimana. Ha molte materie da frequentare ogni giorno di scuola: inglese, arte, scienze, matematica, ginnastica e storia. Sua madre prepara un grande zaino pieno di libri e il pranzo per Lucas.

La sua prima lezione è inglese e gli piace molto quell'insegnante. La sua insegnante di inglese dice che è un bravo allievo, cosa che Lucas sa significa che lei pensa che sia un bravo studente.

La sua prossima lezione è l'arte. Disegna su carta con pastelli e matite e talvolta usa un righello. A Lucas piace l'arte. È la sua classe preferita.

La sua terza classe è la scienza. Questa classe è molto difficile da capire per Lucas, ma riesce a lavorare molto con i suoi compagni di classe, cosa che gli piace fare. Il suo amico, Kyle, lavora con Lucas al corso di scienze e si divertono.

Poi Lucas fa la sua pausa pranzo. Si siede con Kyle mentre mangia. Al preside o al preside come lo chiamano alcuni, piace andare in giro e parlare con gli studenti durante il pranzo per controllare che si stiano comportando bene.

La lezione successiva è matematica, che la maggior parte degli studenti chiama semplicemente matematica. Kyle ha difficoltà a prendere un buon voto in matematica, ma l'insegnante è molto gentile e disponibile.

La sua quarta lezione è ginnastica. È solo esercizio.

Storia è la sua ultima lezione della giornata. Lucas ha difficoltà a restare sveglio. Molte lezioni sono noiose ed è molto stanco dopo aver fatto palestra.

Chicago

Keith è tornato di recente da un viaggio a Chicago, Illinois. Questa metropoli del Midwest si trova lungo la riva del lago Michigan. Durante la sua visita, Keith ha trascorso molto tempo esplorando la città per visitare importanti punti di riferimento e monumenti.

Keith ama il baseball e si è assicurato di fare una visita al Wrigley Field. Non solo ha fatto un giro in questo spettacolare stadio, ma ha anche assistito a una partita dei Chicago Cubs. Nello stadio, Keith e gli altri fan hanno tifato per i Cubs. Keith era felice che i Cubs avessero vinto con un punteggio di 5-4.

Chicago ha molti luoghi storici da visitare. Keith ha trovato la Chicago Water Tower impressionante in quanto è uno dei pochi punti di riferimento sopravvissuti al Grande Incendio di Chicago del 1871. Keith ha anche fatto una passeggiata attraverso Jackson Park, un grande spazio all'aperto che ha ospitato l'Esposizione Universale del 1892. Il parco è ottimo per una piacevole passeggiata, e presenta ancora parte dell'architettura originale e repliche di monumenti presenti nell'Esposizione Universale.

Durante l'ultima parte della sua visita, Keith è riuscito a salire le scale all'interno della Willis Tower, un grattacielo di 110 piani. Nonostante la sfida di salire le numerose rampe di scale, Keith sentiva che valeva la pena raggiungere la cima. Dal tetto, Keith ha potuto godere di una splendida vista dello skyline della città con il lago Michigan sullo sfondo.

CAPITOLO 6: GUARDA FILM E SERIE IN INGLESE

Ci sono due modi per padroneggiare una lingua: uno è vivere nel paese in cui è parlata, l'altro è immergersi nella sua cultura. Cinema, televisione, serie TV in inglese, musica e letteratura ti daranno un buon punto di partenza per imparare l'inglese.

È un metodo efficace anche se non conosci l'inglese o il tuo livello è molto basso, perché quando li sentirai parlare continuamente una lingua, le nozioni si fisseranno e, quando inizierai a studiarla seriamente, gran parte di essa sarà familiare. Ti costerà molto meno sforzo imparare la pronuncia e comprendere il significato di modi di dire e modi di dire come i phrasal verbs.

Perché guardare film e serie TV in inglese?

I motivi sono tanti! Per citarne uno, può aiutarti a capire meglio la lingua parlata. Ascoltare gli attori che recitano parole ed espressioni poco a poco ti rimarrà impresso, la pronuncia sarà più facile e in poco tempo ti abituerai all'intonazione.

Inoltre, se sei un appassionato di cinema o se sei un amante delle serie tv, potrai vedere come recitano realmente gli attori nella loro lingua originale, senza alcun tipo di doppiaggio che ne modifichi la voce o l'inflessione. Cioè, così si valorizza la reale capacità dell'attore e, di conseguenza, si valorizza di più anche il cinema.

Leggere i sottotitoli in inglese e cercare di fare associazioni mentali stimolerà il tuo cervello a riconoscere suoni e pronunce, che appariranno al momento giusto quando proverai a parlare. Si tratta infatti di un meccanismo che associa suoni a lettere e parole e che, una volta assimilato, farà sì che pronunciare correttamente una parola mai vista in vita tua non sia più questione di "giudicare".

Suggerimenti per imparare l'inglese con film e serie TV

La prima cosa da fare è mantenere una mente aperta. Le prime volte, se non sei abituato a sentire le voci originali degli attori, può essere un po' stridente. Anche il suono stesso è leggermente diverso perché non c'è silenzio di sottofondo che senti quando un personaggio viene doppiato.

All'inizio, è bene prendersela comoda e guardare film e serie nella loro versione originale con sottotitoli nella tua lingua, che ti aiuteranno a prendere confidenza. Quindi inizi automaticamente a fare traduzioni mentali di ciò che ascolti.

Quindi, quando ti sentirai pronto, sarà il momento di mettere i sottotitoli in inglese. In questo modo, non solo ti lascerai alle spalle l'italiano: imparerai anche a scriverlo e capirai per iscritto ciò che non potresti capire solo ascoltando. È un passo importante per smettere di pensare in italiano e iniziare a pensare nella lingua di Shakespeare.

È fondamentale anche perdere la paura di "non capire". Se hai iniziato a guardare una serie in italiano, apporta una modifica e continua in inglese. Non preoccuparti, non è complicato, soprattutto se conosci già storia e personaggi, la trama e i dialoghi saranno facili da seguire.

I 5 migliori film per imparare l'inglese

Partiamo dal fatto che i migliori film per imparare l'inglese sono sempre i preferiti di tutti. Li conosciamo e ci piacciono, e presteremo loro molta più attenzione di qualcuno che non ci convince molto.

Ora indichiamo, più in generale, alcuni film che aiutano a imparare l'inglese:

1. Mia bella signora

Questo film è sulla nostra strada perché parla di una donna che non parla bene l'inglese. Basta identificarsi con Audrey Hepburn e imparare l'inglese con lei e con lei.

2. Monty Python e il Santo Graal

L'umorismo inglese è innegabilmente attraente e i re dell'umorismo britannico sono i Monty Python. Riderai a crepapelle guardando questo capolavoro di una delle migliori compagnie di commedie inglesi. Quindi ti abituerai anche all'accento britannico, che è molto diverso da quello americano.

Potrebbe interessarti anche: Questo elenco di Phrasal Verbs in inglese amplierà istantaneamente il tuo vocabolario

3. Amo davvero

La semplice trama delle commedie romantiche è sempre un buon modo per concentrarsi sulla lingua e sull'apprendimento piuttosto che sulla trama stessa per la sua immediatezza. È un film facile da seguire, fa ridere e permette anche di seguire agevolmente lo svolgersi degli eventi imparando nel frattempo la lingua.

4. I Miserabili

Le canzoni tendono a durare più a lungo delle semplici conversazioni, questo è certo. Il ritmo ei versi delle canzoni aiutano la nostra memoria. Questo film, oltre alla sua grandiosa trama, ha proprio questa caratteristica: le canzoni sono molto comprensibili e ti accompagnano a lungo, quindi impararle è quasi un atto involontario.

5. Il silenzio degli agnelli

Ok, forse non è il modo più semplice per iniziare, dobbiamo ammetterlo. Ma ascoltare Anthony Hopkins parlare inglese è qualcosa da fare almeno una volta nella vita. Pochi sanno attirare l'attenzione come lui, con il suo modo di parlare lento ed elegante, soprattutto in questo film. Molto raccomandabile per imparare la pronuncia perfetta. È anche un bel film.

La migliore serie per imparare l'inglese

Se vuoi imparare l'inglese con le serie tv, ce ne sono per tutti i gusti e livelli, anche alcune che possono essere più utili in certe abilità specifiche, come ascolto o lo slang di strada, o comunque tipiche di un certo luogo.

La scelta è davvero infinita... in questi luoghi vi proponiamo (dopo una lunga selezione) quelli che secondo noi sono i posti migliori per imparare l'inglese. Divertiti a scegliere!

Impara l'inglese con le serie britanniche

Ecco 20 serie britanniche utili sia per imparare l'inglese che per migliorare il tuo livello.

1. Abbazia di Downton

È senza dubbio la serie britannica che consigliamo di più per migliorare la lingua. È anche considerata una delle migliori serie britanniche fino ad oggi.

La serie racconta la storia della famiglia Crawley, appartenente all'aristocrazia britannica, e della loro servitù. Ambientato all'inizio del XX secolo, i temi principali sono l'amore, l'invidia e l'intrigo.

Crediamo che sia una serie perfetta per imparare l'inglese soprattutto per la dizione e la pronuncia degli attori, che rendono molto più facile capire cosa viene detto. Si può dire che sia un "inglese puro" che mescola diversi tipi di vocaboli e registri a seconda dell'estrazione sociale dei personaggi.

2. Sherlock

Sherlock è un'altra serie che consigliamo per migliorare il tuo inglese. È un adattamento moderno del libro di Sir Arthur Conan Doyle e, come puoi immaginare, è basato su trame e casi da detective da risolvere.

Benedict Cumberbatch e Martin Freeman sono i due protagonisti e parlano un perfetto inglese britannico. Sarà anche molto utile per arricchire il tuo vocabolario. Una cosa da tenere in considerazione è che ci sono scene, come la risoluzione di casi, che possono essere più complicate per un principiante.

3. Dottor chi

Il protagonista, Il Dottore, è uno scienziato che, a bordo di un'astronave a forma di cabina telefonica, viaggia nel tempo per risolvere vari problemi. È una pietra miliare del mondo delle serie televisive britanniche, è infatti la più antica della TV britannica.

La versione migliore per imparare l'inglese è quella moderna, andata in onda nel 2005. I protagonisti hanno un buon accento e usano anche un vocabolario che, oltre ad essere di facile comprensione, può essere molto utile.

4. Pelli

È considerata una delle serie più trasgressive e provocatorie del Regno Unito. Mostra la vita di alcuni ragazzi di Bristol durante la loro adolescenza. Alcuni dei temi principali sono la droga, il sesso, l'alcool e l'anoressia.

Questa serie è particolarmente utile per imparare lo slang britannico e il linguaggio colloquiale e quotidiano. Inoltre, poiché nelle varie stagioni i protagonisti sono sempre adolescenti, i personaggi cambiano e questo ci dà la possibilità di incontrare una grande varietà di accenti.

5. Fawlty Towers

Consigliamo questa serie per imparare l'inglese proprio perché la sua trama si basa esattamente su questo. Un uomo di Barcellona che conosce a malapena l'inglese si trasferisce nel Regno Unito per lavorare in un hotel gestito dai Fawlty, una coppia eccentrica.

Imparare l'inglese insieme al protagonista sarà divertente con questo classico umoristico.

6. L'Ufficio

Sicuramente avrai sentito parlare di questa serie o, più probabilmente, della sua versione americana. Ecco, The Original è un'altra delle migliori serie britanniche per imparare l'inglese. Già dal nome si può immaginare che sia ambientato in un ufficio. Racconta comicamente la storia dei dipendenti di una società di distribuzione di carta che devono fare i conti con il peggior capo immaginabile.

Trattandosi di una sitcom, è l'ideale per imparare l'inglese, in quanto gli episodi durano non più di 20 minuti. Inoltre, grazie ai diversi ruoli dei personaggi, il vocabolario utilizzato è piuttosto ampio.

Potrebbe interessarti anche: Come formulare correttamente le domande in inglese

7. Piccola Gran Bretagna

Più che una serie, è un montaggio di brevi schizzi sugli stereotipi britannici. Per questo motivo, il loro modo di parlare è quello che sentirai sì o sì quando sarai nel Regno Unito. La serie è anche molto divertente e ti aiuterà a conoscere la cultura britannica.

Il tuo livello di inglese per capire alcuni dialoghi deve essere intermedio o superiore, altrimenti sarà impossibile capire certe battute.

8. La folla IT

Guardando questa serie, le risate accompagneranno l'apprendimento della lingua. È registrato con un pubblico dal vivo. IT sta per Information Technology e la "squadra" della folla. Racconta la storia di tre membri del Dipartimento di Tecnologia e Informatica della Reynholm Industries, una società immaginaria di Londra. La storia si svolge nel seminterrato.

Anche con un livello di inglese base o intermedio capirai praticamente tutto. In questo caso le partite sono più facili e non avrai problemi a fare centro anche se il tuo livello non è alto.

9. Pocoyo

Sicuramente non ti aspettavi di trovare cartoni animati in questo elenco. Sebbene sia spagnolo, ora viene trasmesso anche in inglese. Gli episodi durano circa 25 minuti e si possono trovare anche su Youtube.
Per chi è ancora alle prime armi con l'inglese diventa molto più di una serie per bambini, il vocabolario utilizzato è infatti abbastanza facile e adatto alla vita di tutti i giorni. Puoi capire bene praticamente tutti i dialoghi ed è per questo che è perfetto e consigliato al 100% per imparare l'inglese.

10. Specchio nero

Dedichiamo questa serie agli appassionati di fantascienza. Racconta come e quanto la tecnologia incide sulla nostra società. Mentre gli episodi sono tutti autonomi, la tecnologia è ciò che li lega insieme.

È perfetto per imparare l'accento britannico e imparare nuovi termini usando i sottotitoli. Per comprendere senza problemi tutti gli episodi, consigliamo un livello intermedio di inglese.

11. Disadattati

Consigliamo questa serie britannica anche agli amanti della fantascienza. È considerato il migliore del suo genere nel Regno Unito. Parliamo di cinque ragazzi che devono fare il tempo fornendo servizi sociali e di pubblica utilità. Tutto cambierà quando, nel bel mezzo di una tempesta, un fulmine darà loro dei superpoteri.

Questa serie è perfetta per il suo vocabolario di strada e anche per i diversi tipi di accenti che sentirai poiché gli attori provengono da diverse parti del Regno Unito.

12. Chiesa larga

Nel 2013, anno in cui è stata trasmessa per la prima volta, questa serie è stata considerata la migliore dell'anno nel Regno Unito. Racconta il forte impatto che la morte di un bambino di 11 anni in circostanze sospette ha avuto sul suo villaggio.
Lo consigliamo a chiunque abbia almeno un livello medio di inglese, ma è una dizione piuttosto standard, quindi è ottimo per familiarizzare con l'accento britannico.

13. Paraocchi di punta

Questa è una serie britannica che consigliamo a chiunque abbia già un alto livello di inglese. Infatti, a causa della grande quantità di espressioni informali e di alcuni accenti piuttosto "rigidi", gli utenti entry-level farebbero fatica a capirlo.

La serie tratta di alcuni gangster, il mafioso Tommy Shelby e la sua banda, che si scontrano con il capo della polizia Chester Campbell. È ambientato nel 1919 a Birmingham.

4. Orgoglio e pregiudizio

Questa serie è basata sull'omonimo romanzo di Jane Austen del 1813. La serie è composta da soli 6 episodi della durata di 50 minuti ed è ambientata all'inizio del XIX secolo in Inghilterra. Come nel romanzo, la storia delle 5 figlie nubili di Mr. e la signora Bennet. L'arrivo in paese del sig. Bingley e Mr. Darcy cambierà molte cose.

Anche per questa serie è consigliabile avere un livello di inglese leggermente più alto, principalmente per il tipo di vocabolario utilizzato, ma è perfetto per migliorare la comprensione orale per via dell'accento utilizzato.

5. Penny Terribile

In realtà è una serie americana, ma la maggior parte dei personaggi parla con accenti britannici, poiché è ambientata nella Londra vittoriana della fine del XIX secolo. Questa serie thriller fonde finzione e realtà e presenta molti personaggi letterari famosi. Il titolo si riferisce a un tipo di pubblicazione romantica spettrale venduta per un centesimo in Inghilterra nel XIX secolo.

Poiché nella serie si parla sia l'inglese britannico che quello americano, questo ti aiuterà in particolare a distinguere tra diversi tipi di inglese.

16. Catastrofe

Questa sitcom racconta la storia di un professore irlandese che ha una relazione con un americano che sta viaggiando in Inghilterra. Rimanendo incinta, torna nel Regno Unito per prendersi cura del bambino.

È una delle serie che consigliamo in particolare per migliorare la comprensione all'ascolto, visto l'ottimo mix di accenti.

Potrebbe interessarti anche: Pronuncia inglese: come migliorarla? La guida definitiva

17. Lutero

Questa serie drammatica poliziesca è una delle più consigliate per la pronuncia e l'accento dei suoi attori. È perfetto per imparare quello che si chiamava "BBC English", l'inglese standard che tutti dovrebbero conoscere e capire.

Il protagonista è un detective assassino, un personaggio molto intelligente e intraprendente, con un difetto: la sua mente non riesce a salvarlo dalla violenza.

18. Vichinghi

Probabilmente conosci questa serie. Ambientato nella Scandinavia del IX secolo, è pieno di azione e intrighi e ti permetterà anche di imparare molto sulla storia e la mitologia norrena.

Sebbene molti dei personaggi parlino inglese con accento scandinavo, la grammatica è corretta e parlano anche lentamente, il che rende i dialoghi più facili da capire.

19. Merlino

Consigliamo questa serie britannica per imparare l'inglese in compagnia. È adatto a tutta la famiglia e per utenti di diversi livelli. Troverai risate e drammi, ma soprattutto tanta fantasia sul mondo di Merlino e Re Artù.

Ti consigliamo di guardarlo prima con i sottotitoli in inglese, perché grazie alla sua dizione lo troverai molto facile da seguire, e insieme ai sottotitoli imparerai anche qualcosa sulla scrittura e l'ortografia.

20. Spettro

Questa serie drammatica è una delle più viste nel paese. Racconta la storia di un gruppo di ufficiali che lavorano in uno dei principali servizi segreti del Paese.

Grazie agli attori che compaiono, la serie è perfetta per chiunque voglia imparare accenti e modi di dire diversi e arricchire il proprio vocabolario.
bonus serie tv
Di seguito, parliamo di altre 5 serie al di fuori del Regno Unito. Infatti, anche nelle produzioni statunitensi e australiane, troverai un numero enorme di serie che potrebbero fare al caso tuo.

21. Il Trono di Spade

Probabilmente hai visto almeno un episodio di questa famosa serie. Sebbene sia americana, la maggior parte degli attori che appaiono sono britannici e gli accenti che sentirai provengono da diverse parti del Regno Unito.

È perfetto per imparare a differenziare gli accenti, migliorare la comprensione dell'ascolto e migliorare l'inglese generale. Per chi non conoscesse ancora questa serie tv, tratta della lotta tra diverse dinastie nobiliari per il Trono di Spade. È basato sulla serie di romanzi fantasy Le cronache del ghiaccio e del fuoco di George RR Martin.

CAPITOLO 7: CHAT IN INGLESE

Le persone spesso trascorrono tutto il loro tempo studiando la grammatica e memorizzando elenchi di parole piuttosto che mettere in pratica ciò che imparano.

Chiunque si sia avventurato e si sia trasferito a casa per studiare l'inglese, o si sia trasferito all'estero per lavoro o per viaggiare, ti dirà quanto velocemente migliorano le loro competenze in inglese.

Sebbene lo studio della lingua scritta sia ancora estremamente importante, soprattutto per migliorare la grammatica e costruire il proprio vocabolario, l'apprendimento più efficace avviene ancora faccia a faccia.

Quando sei circondato da persone che non parlano la tua lingua madre, non hai altra scelta che superare le tue paure – la paura di commettere errori, di essere timido, di sembrare sciocco – tutte le cose che ostacolano la tua apprendimento della lingua. Essere costretti a parlare la lingua ti aiuta a superare queste paure, capire che a chi parla inglese non importa se commetti errori e sviluppare le tue abilità linguistiche in modo molto reale.

Parlare e ascoltare altre persone in inglese aiuta ad aumentare la fiducia che si ha nelle proprie capacità ea scacciare i dubbi che si celano nella testa.

Quindi è sicuramente un incentivo alla fiducia, ma ci sono molti altri modi in cui parlare la lingua può migliorare rapidamente le tue abilità in inglese.

migliorare la fluidità

Quando stai conversando con una persona che parla inglese, tutto ciò che hai imparato finora durante i tuoi studi linguistici deve essere sempre disponibile.

Essenzialmente, parlare una lingua aiuta a spostare la tua conoscenza della grammatica, del vocabolario e della pronuncia dal retro della tua mente in avanti, o dalla tua 'memoria lenta' alla tua 'memoria veloce'. Nel tempo, questo migliorerà anche la tua fluidità e la tua memoria.

Prova a pensarla come "memoria muscolare" che è così importante sia per gli atleti che per i musicisti. Quando stai imparando a suonare la chitarra, va bene sedersi e memorizzare ogni possibile accordo, ma finché non inizi a strimpellare quelle corde e a mettere in pratica gli accordi, è molto difficile per te suonare fluentemente.

Più giochi, più sviluppi la tua "memoria muscolare" e le tue dita sanno automaticamente dove andare senza che tu debba pensarci - questo è ciò che inizia ad accadere alle tue abilità linguistiche quando inizi a parlare la lingua ad alta voce.

Motivazione

Pensiamo che la parte più eccitante dell'apprendimento di una nuova lingua sia la comunicazione - è la vera ragione per cui ci siamo innamorati delle lingue in primo luogo - vogliamo essere in grado di conversare con chiunque, da qualsiasi parte del mondo.

Quando hai abbastanza abilità per aprire la bocca e parlare con le persone, usando davvero la lingua, è davvero eccitante.

Anche parlare con le persone nella tua lingua è una sfida: cercare di stare al passo con la velocità delle parole, le nuove parole e le strutture delle frasi a cui non sei abituato, gergo e dialetti: la sfida e l'eccitazione possono essere incredibilmente motivanti.

Non c'è niente di meglio che avere la tua prima conversazione di 10 minuti con qualcuno in inglese. Sapere che sei riuscito a mantenere una conversazione così a lungo aumenta la tua sicurezza e vuoi solo migliorare sempre di più. Non c'è miglior motivatore della comunicazione faccia a faccia.

Imparare dai propri errori

Parlare inglese ad alta voce aiuta a mettere in luce eventuali lacune nel vocabolario e nella grammatica.

Quando stai conversando con qualcuno e stai lottando, che si tratti di finire una frase o capire cosa sta dicendo la persona, ti mostra immediatamente cosa sai e cosa no, dove stai andando bene e cosa devi sapere. migliorare.

Puoi imparare dai tuoi errori e spesso parlare con un madrelingua inglese è il modo più rapido per correggerli: possono farti notare dove stai sbagliando e aiutarti a migliorare più velocemente.

La stragrande maggioranza degli anglofoni sarà felice di aiutarti, non ti giudicherà, ed è qui che avere un partner linguistico può essere un vero vantaggio.

Poter parlare regolarmente con qualcuno di cui ti fidi e con cui ti senti a tuo agio ti incoraggerà a parlare ancora di più la lingua.

Abilità comunicative

Quando studi da solo a casa, può essere molto difficile ricreare veramente il lato comunicativo dell'apprendimento delle lingue. La lingua è uno strumento di comunicazione e questa parte del processo di apprendimento è molto importante.

Parlare e ascoltare in una lingua straniera migliorerà queste abilità comunicative pratiche in un modo che l'apprendimento dei libri di testo non farà mai, motivo per cui la nostra scuola offre sia lezioni di gruppo che individuali.

Più opportunità

Parlare di ciò che hai imparato non è importante solo per i tuoi studi linguistici, è importante anche per te come essere umano! Fare nuove amicizie e aprire nuove possibilità di viaggio, nuove prospettive di lavoro, opportunità di vacanza e persino trovare l'amore: parlare una nuova lingua apre le porte in modi sorprendenti. Andare in un paese di lingua inglese e non parlare la lingua ti lascia isolato, quindi non aver mai paura di parlare e parlare: è attraverso la comunicazione che possiamo crescere come persone e anche contribuire ad aumentare il nostro vocabolario!

CAPITOLO 8: INIZIA A OSSERVARE LA LINGUA INGLESE INTORNO A TE

Vuoi imparare l'inglese ma senti di essere troppo occupato? Non ha abbastanza tempo per preparare le lezioni, guardarle o esercitarti? È vero che l'apprendimento di una lingua richiede tempo e fatica, ma è anche vero che chiunque può trovare modi per integrare l'apprendimento delle lingue nella vita di tutti i giorni. Non c'è bisogno di passare il tempo a lavorare su libri di testo o esercizi di grammatica quando hai modi più interessanti e pertinenti per migliorare le tue abilità linguistiche. Prenditi una pausa e fai qualcosa che ti piace - nella tua lingua di destinazione: l'inglese.

Rendi l'apprendimento dell'inglese parte della tua vita quotidiana! Leggi qui nostri consigli!

Guarda i film come un modo per familiarizzare con il linguaggio autentico.

Prova a guardare un film che hai già visto nella tua lingua inglese, utilizzando anche i sottotitoli. Sembra noioso? Forse, ma ti sentirai benissimo quando inizi a capire dialoghi e situazioni che prima non capivi. Non sei ancora convinto? Bene, che ne dici di approfittare dell'era digitale in cui viviamo?

Ascolta audiolibri, podcast, musica, programmi TV, ecc.

Hai un'ampia varietà di caratteri tra cui scegliere, quindi se ti prendi il tempo per cercare, troverai qualcosa che ti piace o che ti interessa. Ricorda: più ascolti più le tue capacità di parlare miglioreranno.

Cambia la lingua dei tuoi gadget!

Probabilmente hai un cellulare, uno smartphone o un tablet. Perché non cambiare la lingua del display in inglese? Anche per i giochi che giochi, il tuo browser, le tue app. Acquisirai familiarità con le parole e le espressioni comunemente utilizzate nei dispositivi di uso quotidiano.

Tagga tutto!

Tagga gli oggetti intorno a te, a casa, al lavoro, ogni volta che puoi. Potresti trovarlo divertente, ma per alcuni studenti funziona perfettamente. Ti aiuta anche a costruire associazioni. Diciamo che hai etichettato il tuo forno a microonde, puoi anche aggiungere on/off - pannello di controllo - serratura di sicurezza della porta, ecc. Quindi impari più degli oggetti standard. Ti aiuta a ricordare quelle parole specifiche nel contesto.

Parla con più persone che puoi!

La maggior parte degli studenti vuole parlare con altri studenti di lingua inglese o anche con madrelingua. Questo potrebbe essere anche il tuo caso. Cosa sai fare? Partecipa alle chat vocali, parla con i tuoi compagni di classe in inglese quando non sei in classe. Puoi persino formare un gruppo per giocare, mangiare o semplicemente chiacchierare davanti a una tazza di caffè o birra.

Scrivi le tue liste di "cose da fare" in inglese!

Scrivi promemoria o liste della spesa? Prova a scriverli nella tua lingua di destinazione. Annotare queste attività di base ti aiuterà a ricordare alcune delle frasi più rilevanti nella tua routine quotidiana.

Leggi racconti!

Ti piace leggere ma pensi di non capire un romanzo o un lungo libro? Prova fumetti, racconti, persino libri per bambini, riviste, tutto ciò su cui riesci a mettere le mani! La lettura è molto importante per ampliare il proprio vocabolario e capire come si usano frasi ed espressioni in inglese.

In questo modo, stai esercitando tutte le abilità necessarie per iniziare a padroneggiare una lingua, quindi niente più scuse! Inizia subito e goditi il tuo apprendimento!!

In un'epoca in cui c'è più concorrenza che mai per i migliori lavori, il tuo social network può essere una risorsa potente. Imparare l'inglese può aiutarti a espandere la tua portata sociale e diventare più competitivo sul lavoro.

È anche molto divertente avere una vasta cerchia di contatti sociali. Ecco cinque entusiasmanti modi in cui imparare l'inglese può aiutarti a espandere la tua portata sociale.

raggiungere più persone

L'inglese è la lingua più comune su Internet e parlandolo puoi condividere i tuoi pensieri e le tue opinioni con tutti gli anglofoni là fuori.

Connettiti con una gamma più ampia di comunità di nicchia

C'è una comunità per qualsiasi cosa tu possa pensare online e molti di loro parlano inglese.

Trovare una comunità di persone interessate a cose simili a te è un ottimo modo per esercitarsi, ed essere in grado di parlare inglese apre comunità che altrimenti potrebbero non essere accessibili.

Incontra persone interessanti lungo la strada

Molte persone imparano l'inglese per motivi diversi e l'aula di inglese è in genere un luogo molto vario.

In una stanza, potresti avere un giudice seduto accanto a uno studente universitario che lavora con un gruppo di suore.

Imparando l'inglese, sei in grado di conversare con persone al di fuori della tua solita sfera sociale.

Diventa un consulente di fiducia

Essere in grado di parlare sia l'inglese che un'altra lingua ti mette nella posizione privilegiata di poter consigliare gli altri su cose che dipendono dalla conoscenza della lingua.

Ad esempio, puoi spiegare informazioni tecniche documentate in inglese a colleghi che non parlano inglese.

Allo stesso modo, puoi consigliare gli anglofoni su argomenti che richiedono la conoscenza della loro lingua madre.

Esercitatevi insieme nelle abilità sociali e linguistiche

In qualsiasi lezione di inglese comunicativo, ti eserciterai più che solo parole e grammatica.

Svilupperai importanti abilità sociali che potrai utilizzare in un'ampia varietà di situazioni.

Dalle chiacchiere alle riunioni di lavoro, imparare l'inglese è una grande opportunità per sviluppare quelle abilità che normalmente diamo per scontate.

CAPITOLO 09: INIZIA AD OSSERVARE LA LINGUA INGLESE INTORNO A TE

Uno dei modi migliori per imparare l'inglese è giocare ai giochi inglesi, che renderanno lo studio divertente ed eccitante.

Non ti accorgerai nemmeno di tutto l'apprendimento che stai facendo nel frattempo!

In questo post, introdurremo 26 fantastici giochi per imparare l'inglese in modo da poter esercitare le tue abilità linguistiche.

Abbiamo una varietà di opzioni che puoi giocare online, di persona e con i tuoi amici.

Giochi di parole online per praticare l'inglese

I giochi online in inglese possono essere incostante (fantastici o terribili). Ma non preoccuparti, abbiamo trovato i migliori giochi di parole per esercitare il tuo vocabolario inglese.

1. Inasprimento delle parole

Livello: tutti i livelli

Domanda chiave: esiste un gioco di mischia di parole per migliorare il mio vocabolario inglese?

Se ti piacciono i giochi ESL ricchi di azione che ti fanno lavorare contro il tempo, Wordshake fa per te.

Questo gioco ti dà 16 lettere casuali dell'alfabeto e tre minuti. Durante questo periodo, devi creare (pensare) quante più parole inglesi puoi usando le lettere che hai, e ogni volta che crei una nuova parola, guadagnerai punti.

Dal momento che non ci sono regole complicate con Wordshake, è un buon gioco di costruzione del vocabolario sia per principianti che per studenti avanzati.

2. Conoscenza

Livello: Intermedio/Avanzato

Domanda chiave: esiste un gioco di pratica inglese con definizioni di vocabolario?

Knoword deve essere uno dei giochi più divertenti, divertenti e divertenti che Internet ha da offrire.

Le regole sono molto semplici: hai un minuto per leggere quante più definizioni puoi e scrivere la risposta corretta.

Ogni volta che dai una risposta corretta ottieni uno o due secondi in più e ogni quattro risposte corrette ottieni un suggerimento. Puoi saltare tutte le parole che vuoi, quindi assicurati di premere Esc o fare clic su Salta ogni volta che non conosci una parola.

3. 4 foto 1 parola

Livello: tutti i livelli

Domanda chiave: qual è la migliore app di gioco per praticare il vocabolario inglese sul mio telefono?

Le regole del gioco sono semplicissime: ottieni quattro immagini che hanno qualcosa in comune e devi indovinare di cosa si tratta.

A volte la risposta è molto ovvia, ma altre volte dovrai pensare intensamente e utilizzare i suggerimenti per ricevere aiuto. Che tu sia un principiante inglese o un parlante fluente, 4 Pics 1 Word accenderà sicuramente il tuo cervello e ti farà pensare in inglese.

Inoltre, puoi sempre creare le tue flashcard per le parole che non conosci. Chi dice che divertimento e apprendimento non possono andare insieme?

4. Spelling Bee dal Visual Thesaurus

Livello avanzato

Domanda chiave: esiste un gioco di ortografia per studenti di inglese avanzati? Ascolta una parola e prova a scriverla correttamente. Nessuna sorpresa qui.

Tuttavia, alcune delle parole che sentirai sono così difficili da scrivere che inizierai a sentire come se l'ape stesse ridendo di te e dei tuoi errori di ortografia.

Il gioco viene fornito con statistiche, uno sguardo gratuito al thesaurus visivo per le parole che scrivi correttamente e tutte le definizioni delle parole suddivise per parte del discorso.

Anche se Visual Thesaurus non è gratuito, il gioco lo è ed è pieno di fantastiche funzionalità per aiutarti a imparare l'inglese.

5. Parola Whomp

Livello: tutti i livelli

Domanda chiave: qual è un gioco carino che mi permette di esercitare le mie abilità di ortografia?

Un altro gioco di parole scramble simile a Wordshake ma più carino, Word Whomp ti consente di esercitare le tue abilità di scrittura e ortografia in inglese.

In questo gioco ti vengono date sei lettere e devi determinare quante parole possono essere scritte con queste lettere. Hai due minuti e mezzo per pensare a ogni parola. Ma se indovini troppe parole in modo errato, il gioco finirà.

Ti eserciterai a pensare velocemente alle parole del vocabolario inglese, un'abilità che ti tornerà molto utile nelle vere conversazioni in inglese.

6. Freerice

Livello: Intermedio/Avanzato

Domanda chiave: esiste un gioco per praticare l'inglese e aiutare i bisognosi allo stesso tempo?

Freerice è un altro gioco a quiz che ti aiuta a migliorare le tue abilità di vocabolario.

Invece di rispondere a problemi di parole, ti viene data una parola del vocabolario e devi trovare il suo sinonimo più vicino tra quattro parole diverse. Il gioco inizia facilmente ma, con 60 livelli in totale, diventa molto più difficile man mano che avanzi.

Ciò che rende Freerice davvero diverso dagli altri giochi è che l'azienda donerà 10 chicchi di riso alle famiglie affamate per ogni domanda a cui rispondi correttamente.

Quindi più giochi, più aiuti i bisognosi.

7. Nube del cervello umano

Livello: tutti i livelli

Domanda chiave: esiste un gioco di associazione di parole per praticare l'inglese gratuitamente?

Descritto come "un gioco di associazione di parole multigiocatore di massa", Human Brain Cloud è tanto semplice quanto complesso.

Ti vengono date parole casuali e il tuo obiettivo è digitare parole, espressioni o persino frasi che associ alle parole che ottieni. Non ci sono risposte giuste o sbagliate e il programma prende semplicemente le tue risposte e le aggiunge alla banca dell'associazione.

Se fai clic su una parola, vedrai una "nuvola" con la tua parola al centro collegata ad altre parole a cui le persone la associano. È qui che inizia il divertimento, perché puoi usare questa funzione per imparare il vocabolario.

8. Scarabeo in linea

Livello: Intermedio/Avanzato

Domanda chiave: ci sono giochi da tavolo per migliorare il mio vocabolario inglese a cui posso giocare anche online?

Originariamente concepito come un gioco da tavolo, ora puoi giocare a Scrabble online con un amico, contro un altro giocatore virtuale o contro il computer.

Scegli sette lettere a forma di piastrella e le usi per formare parole. Ogni quadrato ha una lettera e un numero scritti su di esso che rappresentano i punti che ottieni usando quella lettera.

Tutti i pezzi toccanti devono formare una vera parola inglese e devi costruire parole usando le lettere di altre parole che sono già state stabilite.

9. Giochi di parole di Learn English Today

Livello: tutti i livelli

Domanda chiave: come posso migliorare il mio vocabolario inglese con i giochi di parole?

Sei venuto qui in cerca di un gioco di parole. Che ne dici di 135?

Learn English Today offre 135 giochi di parole gratuiti per aiutarti a migliorare il tuo vocabolario inglese divertendoti.

Diviso in quattro livelli (facile, medio, difficile e impegnativo) e cinque categorie (cruciverba, frasi criptate, quiz, parole mancanti ed esercizi di abbinamento), ciascuno di questi giochi ti aiuterà a migliorare il tuo inglese, indipendentemente dal tuo livello. .

Sarebbe impossibile menzionare tutti gli argomenti inclusi nei giochi, ma posso dirti i miei tre preferiti da giocare: Phrasal Verbs, Sightseeing, Preposition Quiz 1.

10.7 Parole

Livello avanzato

Domanda chiave: qual è il gioco di parole più impegnativo per gli studenti di inglese?

Se dicessi che questo semplice nome nasconde uno dei giochi più difficili, ma anche divertenti e avvincenti a cui abbia mai giocato in vita mia, non mentirei.

Ottieni sette definizioni e tessere di 18 lettere e il tuo obiettivo è fare clic sulle tessere per creare parole che corrispondano alle definizioni.

Ogni definizione è seguita da un numero di quadrati grigi che corrispondono corrispondono) al numero di tessere che devi usare per formare quella parola. A parte questo e tre suggerimenti, è tutto ciò di cui hai bisogno per completare i 77 puzzle inclusi nel gioco.

Quando indovini una parola, la sua definizione viene cancellata e le tessere corrispondenti scompaiono.

1. Cruciverba ESL

Livello: tutti i livelli

Domanda chiave: dove posso trovare i migliori cruciverba ESL?

cruciverba sono un buon modo per testare la tua comprensione della lettura e e abilità del vocabolario.

Tuttavia, i cruciverba che trovi nel giornale della domenica sono spesso troppo difficili da completare per gli studenti di inglese.

Fortunatamente, con ESL Crossword Puzzles puoi metterti alla prova con problemi di parole creati appositamente per gli studenti di inglese.

Il sito è completo e ha una varietà di cruciverba, difficoltà e argomenti tra cui scegliere, rendendolo perfetto per studenti di tutti i livelli. Scegli semplicemente il tuo livello dal menu nella parte superiore della home page collegata sopra.

2. Influente

Livello principiante

Domanda chiave: esiste un gioco per imparare il vocabolario degli oggetti quotidiani?

In questo gioco esplori un appartamento moderno dove tutto è cliccabile. Usi un dispositivo per scansionare oggetti e ti dice il nome di quell'oggetto in inglese.

Il gioco presenta pronunce audio native e mette alla prova la tua memoria utilizzando quiz basati sul tempo. Ha anche un minigioco al suo interno in cui voli su un aereo e lasci cadere varie cose.

Ti aiuta a imparare i nomi degli oggetti usati nella vita quotidiana. I principianti possono imparare rapidamente le parole essenziali che useranno nella maggior parte dei contesti in modo divertente e senza sforzo.

13. FluentU

Livello: tutti i livelli

Domanda chiave: posso divertirmi imparando l'inglese senza giocare?

Quindi cerchiamo di essere chiari. FluentU non è un gioco. Tuttavia, utilizza video divertenti e coinvolgenti per insegnare l'inglese, inclusi alcuni sui giochi.

Il programma ha una vasta libreria di video, ciascuno con una serie di sottotitoli interattivi. Ciò significa che puoi cercare parole sconosciute all'istante, con un solo clic.

Hai anche la possibilità di usarlo come dizionario digitando una parola nella barra di ricerca di FluentU e vedendo cosa significa, come viene utilizzato negli esempi di contesto di stampa o video e anche una definizione di foto memorabile.

I video sono ordinati per livello di difficoltà, tema e formato. Se sei dell'umore giusto per iniziare a cantare, la categoria dei video musicali potrebbe funzionare bene, ma se vuoi qualcosa di più user-friendly, c'è anche la sezione dei trailer o dei filmati.

Puoi anche provare divertenti quiz di revisione per testare la tua conoscenza dei contenuti. Ciò include esercizi di conversazione, corrispondenza, scelta multipla e riempimento degli spazi vuoti.

Giochi di grammatica e quiz online per praticare l'inglese

Oltre ai giochi di parole, ci sono anche molti altri tipi di giochi per praticare il tuo inglese. Molti di loro sono giochi a quiz, giochi di grammatica e altro ancora!

14. Le curiosità online gratuite di Lovatt

Livello: Intermedio/Avanzato

Domanda chiave: esiste un gioco a quiz per studenti di inglese avanzati?

Se sei un esperto di fatti mondiali, adorerai Lovatts Trivia perché, lascia che te lo dica, alcune delle domande sono solo per professionisti (professionisti)!

Questo gioco è perfetto per esercitare le tue capacità di lettura in inglese sotto pressione. Stai giocando contro il tempo e più tempo impieghi a rispondere a una domanda, meno punti guadagni.

Se hai bisogno di aiuto, puoi sempre chiedere aiuto al sistema. Fai clic sulla parola "Suggerimento" nell'angolo in alto a destra della linea grigia e una delle risposte errate verrà scartata.

15. Quiz sull'ortografia adattiva di SpellQuiz

Livello: principiante/intermedio
Domanda chiave: come posso esercitarmi con la dettatura inglese in modo divertente?

Immagina di poter fare dettature online, ma il sito web è assolutamente carino e ben progettato. L'audio è cristallino (molto chiaro, facile da capire).
Ogni frase viene controllata e corretta immediatamente. Puoi fare clic su qualsiasi parola per saperne di più. Il programma tiene conto dei tuoi errori e ti offre frasi sempre più difficili man mano che avanzi e migliori.

C'è anche la possibilità di controllare le tue statistiche di parole ed errori. Iscriviti e accedi a tutto questo e a molti altri test, quiz e molto altro gratuitamente.

16. La grammatica del destino

Livello: Intermedio/Avanzato

Domanda chiave: ci sono giochi retrò per praticare l'inglese gratuitamente?
The Grammar of Doom è un gioco di grammatica in stile avventura in cui esplori i segreti nascosti all'interno di un antico tempio magico.

Per avere un'idea del gioco, immagina se Indiana Jones insegnasse alla tua classe di inglese. Ci sono un totale di 10 stanze nel tempio e ogni stanza ha la sua serie di enigmi che devi risolvere usando l'inglese.

Per passare alla stanza successiva e alla fine vincere il gioco, devi usare le tue abilità grammaticali e di vocabolario per creare frasi in inglese e risolvere questi enigmi.

17. 20 domande

Livello: tutti i livelli

Domanda chiave: è possibile imparare l'inglese solo attraverso domande?

Questa è una versione digitale del classico gioco delle 20 domande. Innanzitutto, pensa a un animale, una pianta, un minerale, un concetto o una parola sconosciuti.

Dopo aver scelto la tua parola, il sistema inizierà a farti domande a cui dovrai rispondere con parole come "sì", "no", "sconosciuto", "a volte", "forse" e molte altre.

Ogni domanda insieme alla sua risposta apparirà sullo schermo mentre giochi. Alla fine della domanda numero 20, il sistema ti dirà cosa crede tu stia pensando.

Se non riesci a indovinare la tua parola, vinci!

18. Dimostralo!

Livello: Intermedio/Avanzato

Domanda chiave: qual è il miglior gioco per esercitarsi nella revisione dell'inglese?

Pensi di avere quello che serve per essere un correttore di bozze? Ti vengono fornite 10 frasi con un errore ciascuna. La tua missione è trovare e correggere tutti e 10 gli errori.

Consiglio questo gioco a studenti di inglese avanzati che stanno compiendo gli ultimi passi verso la fluidità o si stanno preparando per un esame.

Gli errori che puoi trovare in queste frasi vanno da errori grammaticali (ad esempio, fai invece di fa) e errori di ortografia (break invece di freno) a punteggiatura (può mancare una virgola) e errori di maiuscole (alice invece di Alice) .

19. Vesciche

Livello principiante

Domanda chiave: esiste un gioco per migliorare le capacità di costruzione di frasi?

Questo è un semplice gioco di puzzle online in cui devi formare una frase che descriva correttamente un'immagine entro un limite di tempo.

Vedi un mucchio di fumetti di parole e devi collegarli insieme per formare una frase. Man mano che continui a formulare le frasi giuste in ogni livello, il numero di bolle di parole continua a diminuire.

Il gioco offre diverse opzioni di velocità e ti permette anche di decidere la categoria del vocabolario. Ad esempio, puoi giocare con oggetti personali, cibo, animali, sport, lavoro, natura, colori, lettere o parti del corpo.

20. Poesia magnetica

Livello: tutti i livelli

Domanda chiave: esiste un gioco per esercitarsi a scrivere in inglese senza dover scrivere?

Originariamente un set di magneti, Magnetic Poetry offre cinque kit completi gratuitamente online. Usa le parole che ti sono state date per creare poesie, storie, barzellette o qualsiasi cosa ti venga in mente.

Sfida i tuoi amici a una gara per vedere chi è il primo a utilizzare 50 o 100 parti e creare una storia coerente (logica). Oppure prova a registrare la tua giornata usando solo il set di parole che puoi. Oppure scrivi una poesia nerd per la tua cotta online.

Puoi davvero creare qualsiasi cosa con Magnetic Poetry, e poiché i kit gratuiti sono in inglese, eserciterai anche il tuo vocabolario e le tue capacità di scrittura.

Giochi da tavolo per imparare l'inglese

giochi da tavolo ti danno la possibilità di giocare con altri studenti di inglese. Questo può rendere l'apprendimento più motivante e ti consente anche di esercitare le tue capacità di conversazione in inglese. Ecco i migliori giochi da tavolo per studenti ESL!

CAPITOLO 10: NON PREOCCUPARTI DI PERDERE

Le persone a volte vogliono sempre apparire perfette. Peccato che sembr. brutto. Ma sai che questo in realtà ostacola il processo di apprendimento Soprattutto se parli in una lingua straniera. Psicologicamente, le persone no vogliono fare brutta figura. Se ritieni di non parlare bene l'inglese, le person tendono a non parlare e preferiscono rimanere in silenzio.

"Piuttosto che sbagliare, anche vergognarsi, è meglio tacere", pensavanc Questo tipo di atteggiamento è davvero pericoloso per uno studente.
Fare errori è la cosa più importante nel processo di apprendimento. Non è u crimine sbagliare. Puoi immaginare cosa succederebbe se non osassim provare e avessimo paura di sbagliare. In effetti, non impareremo mai più.

Fare errori è la cosa più importante nel processo di apprendimento. Puc immaginare come sarebbe se non avessimo il coraggio di provare commettere errori. Questo punto importante è stato trasmesso da Zainur Rofic uno dei relatori questo martedì (04/06/2021), in una conferenza ospit organizzata dal gruppo internazionale del Dipartimento della comunicazione.

Questa lezione mira a migliorare le competenze linguistiche degli studenti c Comunicazione che frequentano il corso di inglese per la comunicazione con professor Moch. Muzayin.

"Non preoccuparti di commettere errori. Per questo motivo, commetterai erro come studente. Essere pazientare. Questo non è un processo di un giorno", h detto agli studenti Zainur, Alumni del Master in Linguistica (Radboud Universit Nijmegen, Paesi Bassi).

Ostacoli e suggerimenti per l'apprendimento di una lingua straniera

Un'altra cosa che spesso ci rende riluttanti a parlare inglese è l'imbarazzo del nostro accento inglese locale. Zainur sostiene che parlare inglese dovrebbe essere con un accento americano o britannico.

Non è vietato avere il proprio accento. inglese giavanese. Inglese con dialetto giavanese. Perché anche l'India ce l'ha, gli australiani hanno l'inglese australiano, anche i malesi ce l'hanno. Calmati. Non siamo nati e cresciuti in inglese o in americano", ha detto Zainur.

"Va bene avere il tuo accesso. inglese giavanese. Inglese con dialetto giavanese. Perché anche l'India ce l'ha, gli australiani hanno l'inglese australiano, anche la Malesia ce l'ha. Non siamo nati e cresciuti in inglese o americano. "Disse Zainur.

Dopo essersi sbarazzati della vergogna e della paura di commettere errori, gli studenti impareranno di più su come correggere gli errori. Un'altra cosa che può migliorare la nostra prossima abilità è aumentare il nostro vocabolario.

Come si fa? Zainur Rofiq fornisce diversi modi che finora. modo efficace e divertente attraverso il processo di apprendimento dell'inglese.

Se sei un madrelingua inglese straniero, c'è una probabilità del 90% che tu lo sia perché stai leggendo il mio blog! – probabilmente conosci l'ansia di commettere errori quando parli inglese.

Sai, è la sensazione quando dici qualcosa con piacere quando parli con qualcuno in inglese, ma te lo tieni dentro perché non sei sicuro di farlo bene.

Nei casi più estremi, puoi persino evitare la comunicazione solo per evitare imbarazzo e umiliazione! È qui che le cose si fanno davvero serie, perché non importa quanto tu abbia paura di commettere errori, non migliorerai il tuo inglese parlato semplicemente perché non parli abbastanza☐

Quindi, come affrontare questa ansia e come superare la paura di sbagliare?

Guarda il video qui sopra e scoprirai come cambiare mentalità quando commetti degli errori; In alternativa, puoi leggere la sceneggiatura di questo video qui sotto!

La paura di sbagliare si autoalimenta!

Penso che la maggior parte degli anglofoni stranieri debba ammettere che la PAURA di commettere errori quando si parla inglese è uno dei principali fattori che inibiscono la nostra fluidità in inglese parlato.

Tutti possiamo sicuramente ricordare situazioni in cui abbiamo commesso un errore mentre parlavamo o cercavamo di parlare e questo ci ha fatto sentire insicuri, vergognosi e impacciati riguardo al nostro livello di inglese parlato.

Più situazioni simili incontriamo, più diventiamo consapevoli e la paura di sbagliare si autoalimenta costantemente.

Pertanto, ciò che inizialmente appare solo come momenti di lieve imbarazzo può trasformarsi in una vera e propria ansia del linguaggio e potresti iniziare a evitare il contatto con altri anglofoni per evitare queste situazioni imbarazzanti.

Ed è qui che le cose si fanno serie. Mentre essere un po' confusi e commettere qualche errore qua e là è assolutamente normale, quegli anglofoni stranieri che sono costantemente preoccupati di commettere errori sono seriamente ostacolati nel loro miglioramento dell'inglese; in altre parole, trovano difficile divertirsi quando parlano inglese.

Da dove viene questa paura?

Allora da dove viene questa paura di sbagliare e perché è così diffusa tra gli anglofoni stranieri?

Penso che ci siano alcune ragioni per questo, e la più grande risale ai tempi della scuola, quando studiavi inglese seduto dietro una scrivania.

Pensaci: a scuola miri a ottenere buoni voti, quindi ogni errore che commetti abbassa il tuo punteggio agli occhi del tuo insegnante di inglese.

Mentre gli studenti sono generalmente incoraggiati a parlare ed esprimersi, allo stesso tempo la loro conoscenza viene costantemente valutata e confrontata con gli standard esistenti.

Questo sistema funziona molto bene in materie esatte come matematica e simili, dove ti viene letteralmente richiesto di memorizzare formule ed essere in grado di eseguire determinati calcoli in cui fare un errore comporterebbe una risposta sbagliata.

Parlare inglese è una questione completamente diversa, preferisco mettere l'inglese come la stessa categoria disciplinare con arte e musica perché quando impari una lingua si tratta più di essere in grado di improvvisare ed esprimerti in un modo unico piuttosto che stipare qualcosa nel tuo cervello e poi riproduci la conoscenza esatta

In altre parole, credo che l'attuale sistema di insegnamento dell'inglese della scuola sia responsabile del fatto che molti anglofoni stranieri siano molto consapevoli degli errori che stanno commettendo.

Si sentono come se fossero ancora seduti dietro un banco in una lezione di inglese, e se dicono qualcosa che non è corretto al 100%, prenderanno un brutto voto.

Un altro motivo per cui molti anglofoni stranieri sono molto preoccupati di commettere errori quando parlano è il loro tipo di personalità. Se non sei molto sicuro di te e generalmente tendi ad essere un po' timido, potresti sentirti molto intimidito quando parli con una persona che parla inglese e commettere errori. Fondamentalmente è sentirsi una persona inferiore, e a nessuno di noi piace sentirsi così, vero?

Quindi, se sei una di quelle persone desiderose di commettere errori, ecco cosa ti dirò.

Devi cambiare la tua mentalità su come percepisci gli errori commessi durante una conversazione!

Un lapsus mentre si parla non è la stessa cosa che commettere un errore permanente durante l'esecuzione di un compito pratico. Se sei un commesso e sbagli a dare il resto al tuo cliente, è un vero errore.

Se commetti un piccolo errore quando ringrazi il cliente per aver effettuato un acquisto, è tutta un'altra cosa. Puoi sempre tornare indietro e correggerti, quindi dovresti iniziare a guardare gli errori commessi mentre parli in inglese nello stesso modo in cui guarderesti gli errori durante un'esibizione musicale.

Quando canti anche se non sei un artista professionista, non importa molto se sei stonato su alcune note, o se la tua voce è un po' traballante perché sei nervoso sul palco. Una volta che suoni le note chiave e tieni la testa alta, stai bene al 100% e le persone continueranno a ricevere il messaggio della canzone, sentiranno il tuo cuore e la tua anima attraverso la musica.

E lo stesso vale per parlare inglese. Non sei un artista professionista di lingua inglese, il che significa che non sei un madrelingua inglese. Ma, in modo simile a quello che ho appena detto sull'esecuzione della firma, fintanto che sorridi e sei amichevole e i piccoli errori che fai non sono così grandi da creare una vera barriera comunicativa, va bene!

Vedete, il problema è che nove madrelingua inglese su dieci e anche altri madrelingua inglesi vedranno molto di più nel vostro discorso inglese che solo parole. Riguarda il modo in cui guardi le persone; riguarda le tue emozioni quando parli, le tue espressioni facciali, i tuoi gesti e così via□

E non è un segreto che la maggior parte del messaggio che trasmetti all'altra persona consiste in questi componenti piuttosto che solo parole.

Ovviamente, come ho detto prima, se i tuoi errori creano una vera barriera comunicativa, diventa un problema di fatto, quindi devi essere sicuro al 100% che stai imparando le basi, su questo non ci sono dubbi!

Ma il punto principale della lezione di oggi è che se hai costantemente paura di commettere errori quando parli inglese con le persone, eviterai la vera comunicazione e quindi troverai molto difficile migliorare le tue capacità comunicative!

Parlare inglese è molto più che solo parole!

Parlare inglese significa molto di più che essere semplicemente in grado di parlare. Si tratta davvero di affrontare altre persone, in particolare le persone con cui parli per la prima volta, o persone importanti, e il relativo stress che stai affrontando e come ciò influisce sulle tue prestazioni verbali.

Potresti persino trovarti in una situazione imbarazzante quando puoi parlare con molti meno errori con certe persone o quando pratichi il tuo inglese parlato su te stesso.

Quando esci e affronti la comunicazione nella vita reale, tuttavia, puoi fare molti più errori perché durante la comunicazione reale sei un po' stressato o ti trovi di fronte a domande non standard, quindi sei costretto ad improvvisare quando parli e tutto il resto si aggiunge per creare una nuova dimensione del parlare inglese.

Quindi, in pratica, se percepisci gli errori mentre parli in inglese come qualcosa di spaventoso, come qualcosa che fai e rimane lì, e non puoi correggerlo, o come qualcosa che farà sicuramente ridere gli altri e finirai per essere umiliato , quindi devi assolutamente cambiare il modo in cui vedi gli errori.

Dovresti iniziare a vederli come parte integrante dell'essere un madrelingua inglese straniero, basta dire a te stesso: "Fare errori è normale" ogni volta che provi paura e ansia alla prospettiva di parlare con qualcuno.

Ma non pensare che io sopporti di parlare in pessimo inglese senza cercare di migliorarlo.

Non è quello che sto dicendo, devi assolutamente lavorare sulle tue capacità di parlare inglese per assicurarti di avere la grammatica inglese corretta e anche di usare parole e frasi appropriate e così via.

Lo scopo di questa puntata video era semplicemente quello di farvi capire che bisogna IGNORARE la paura di sbagliare quando si parla inglese!

Ogni volta che ti senti spaventato dalla prospettiva di una conversazione con qualcuno in inglese, non evitare la conversazione, saltaci dentro come se stessi saltando in una piscina da un trampolino!

Printed in Great Britain
by Amazon

22463803R00046